AF454584

LE JOYEUX MORIBOND.

COMÉDIE,

PAR E...... BILLARD *.

A GENEVE,

Chez LES FRERES CRAMMER,

M. DCC. LXXIX.

A·MON FRERE.

TU marches sous l'étendart de la France! hazardeux métier, mais noble, il te sied : moi, fléau de Barréme, je fus jetté dans la Finance, je ne pus y mordre; il ne s'agit là que d'or, & mon Pérou, c'est un Moliere! Quel Maître! Je me plais à le suivre, mais de l'œil, comme un roitelet suit l'aigle. Adieu; ma santé malade, chancele toujours: puisse la tienne être à l'épreuve du canon : je t'embrasse, & de cœur.

ACTEURS.

ROGER, Bourgeois de Paris.

ARISTE, Frere de Roger.

FRANCŒUR, Valet de Roger.

HYPOCRATE, Médecin.

VICTOIRE, Courtifanne.

La Scene eft chez Roger.

LE JOYEUX
MORIBOND,
COMÉDIE.

SCENE PREMIERE.

ARISTE, FRANCŒUR.

ARISTE.

C'EST toi, Francœur ! L'ami ! tu me sembles fort triste !
D'où naîtroit ton chagin ?

FRANCŒUR.

Vous le savez , Ariste.

ARISTE.

Mon Frere est-il plus mal ?

FRANCŒUR.

Et toujours plus gaillard !
Tout-à-l'heure, il jouoit.

A iij

A R I S T E.

Jouer !

F R A N C Œ U R.

Colin-maillard.

A R I S T E.

L'obſtruction au foie !

F R A N C Œ U R.

A moins qu'il n'agoniſe,

Que la machine enfin ne ſe deſorganiſe ;

Mon Maître, indéchiffrable, eſt-il homme à ſonger

Qu'il faut mourir un jour ? Il s'appelle Roger,

C'eſt un Roger-bon-tems ; que le poumon s'altere,

Que juſques dans les os la fiévre s'invétere,

Il s'en bat l'œil : à peine eſt-il hors de l'accès,

Qu'il boit du vin mouſſeux pour hâter ſon décès.

A R I S T E.

Qu'en dit ſon Hypocrate ?

F R A N C Œ U R.

Oh ! le Docteur fulmine !

Comment, Monſieur, du vin, quand la bile domine !

Prenez-moi des amers ; lui, Patron des Gourmets,

Sable encor du Champagne, ou ſavoure un bon mets;

Le Pâté chaud, ſur-tout, ſans épargner la croûte,

Et voila derechef, l'eſtomac en déroute.

A R I S T E.

Roger court à ſa perte !

F R A N C Œ U R.

Indubitablement !

Il m'a communiqué le fiévreux tremblement :

Rétif à l'Apoſeme, il traite d'Empyrique

Chirac, qui me fauva d'un an climactérique :
Conviendra-t-il jamais qu'on n'acquiert la fanté,
Que par la tempérance & par la chafteté ?
N'attendons point de lui régime ni réforme ;
S'il garde un Médecin, ce n'eft que pour la forme.

ARISTE.

Quel Panurge !

FRANCŒUR.

Obéir à l'inftinct animal,
Oublier qu'il fut mis fur le fonts baptifinal,
Vivre au gré du hazard, du vent qui le balotte,
Panacher de grelots fon chef, ou fa calotte,
S'éjouir, feftiner, chanter à plein gofier,
Pour mainte & mainte Iris dépouiller un rofier,
Outrer la paffion, bourreller la Nature,
Voila l'homme agguerri contre la fépulture.

ARISTE.

Il voit la Courtifanne !

FRANCŒUR.

Au befoin.

ARISTE.

L'indifcret !

FRANCŒUR.

Ses amours fcandaleux fouffrent-ils le fecret ?
Hier, malgré mes dents, mes cris, ma remontrance,
Que j'ofe, à mes périls, pouffer à toute outrance,
Monfieur voulut fortir : je l'équipe & fourré
Il part le pied goutteux & le ventre bourré :
Je l'efcorte, il clopine, il fuffoque, il digere
Le tronçon d'une Anguille, on ne peut moins leger e

Nos Voifins frémiſſoient du Squelette ambulant
Qui lorgnoit la Voiſine, ainſi qu'un verd galant,
Haletoit comme un chien ſouffle en la Canicule,
Et ſe croyoit, en force, au moins l'égal d'Hercule :
Moi, peiné de ſa toux, par ſon aſthme étouffé,
Je l'invite à s'aſſeoir dans ie prochain Café,
A prendre un peu d'Abſinthe ; il grimace, il chemine :
Qu'avec pitié chacun ſous le nez l'examine !
Le voyant ſi perclus, j'augurois comme un ſot,
Qu'il alloit conſulter ou Boerhave ou Tiſſot,
Mener enfin la vie & ſobre & circonſpecte ;
Mais gagnant la ruelle, au plus hardi ſuſpecte,
Il s'arrête en bon lieu ; bref, nous ramène ici
Grivoiſe, qui jamais n'engendra de ſouci :
C'eſt quelqu'Agnès fameuſe en la galante Hiſtoire !
Qui ne la connoîtroit ? Elle a pour nom Victoire ;
Nom, qui par ſon affiche, annonce à tous venans
Qu'elle attire au Vaux-hall, & Milords & Manans ;
Qu'elle éclate en mérite, & que ſa renommée
Feroit honte aux exploits d'un Général d'Armée !

ARISTE.

Il ſe tue à plaiſir, mon Frere !

FRANCŒUR.

N'allez pas

Lui gliſſer un ſeul mot concernant le trépas ;
Ce n'eſt point qu'il le craigne, ou cherche à s'en diſtraire,
Qu'il le juge exécrable ; il le peint, au contraire,
Sous quelqu'heureuſe image, un benigne ſommeil
Dont vous ſortez bientôt plus frais & plus vermeil :
Mais la Mort, après tout, garde un maſque lugubre ;

Habite un Pays froid, dont l'air n'est point salubre;
Pour le pauvre Roger il faut un promenoir
Aussi doux & riant que son gentil manoir;
Il faut une retraite agreste, naturelle,
Où le Rossignol chante, & non la Tourterelle.

ARISTE.

Sans doute il va toujours battant son tambourin!

FRANCŒUR

D'un saut il l'accompagne, ainsi qu'un Tabarin:
Avec des rigodons, sans cesse il nous réveille;
Oyez, dit-il, oyez, j'exécute à merveille:
L'Orchestre d'Opéra manque par quelqu'endroit,
Et dans l'Art musical on me tient plus adroit:
J'ai hanté les Castras, j'ai couru l'Ausonie;
C'est, je vous l'avouerai, le Temple d'harmonie;
C'est là, qu'au moindre son d'un petit Chalumeau,
Mon oreille oublieroit Mondonville & Rameau.

(*On entend le Tambourin derriere le Théâtre.*)
Tenez! l'entendez-vous? Le Jongleur instrumente!
Il divertit sa Dame!

ARISTE.

Et la fiévre s'augmente!

Quel fou!

FRANCŒUR.

Je gagerois, que la béquille en main,
Il va, comme un Muguet, baller jusqu'à demain.

ARISTE.

Il délire!

FRANCŒUR.

Oh que non! la tête est assez libre,

Mais la jambe est sujette à perdre l'équilibre.

ARISTE.

Il s'agit bien ici d'aller riant, chantant :
Il faut y rétablir le Docteur consultant,
L'Esculape : on a beau taxer la Médecine
D'être une invention hazardeuse, assassine ;
Nombre de Médecins, malgré les envieux,
Ont poussé leur carriere, & tous sont morts très-vieux.

FRANCŒUR.

C'est qu'ils se nourrissoient d'exquises marmelades,
Et qu'ils laissoient, Monsieur, la drogue à leurs malades.

ARISTE.

C'est que mon Gui Patin, champêtre Jardinier,
Alloit cueillir la plante, au retour printanier ;
Et que sans Botanique, avec grec étalage,
Galien n'eut été qu'un Frater de Village.

FRANCŒUR.

Maudit soit l'Engeoleur, qui, fier d'un vain caquet,
Aux crédules Badauts vend la mort en paquet :
Gloire à mon Herboriste, ami de mes viscères,
Il m'a rendu la voix, pour chanter mes Glicères.

ARISTE.

Si ton Maître vouloit abréger sa chanson,
Reposer sa poitrine & vivre de cresson,
Sans recourir jamais aux bols de la Chymie,
Nous le verrions bientôt réparer sa momie.

(*On entend le Tambourin*)

FRANCŒUR.

Nouveau bal, du fracas !

ARISTE.
Cruel Tambourineur!
FRANCŒUR.
C'eſt récréation pour la fille d'honneur,
Sa couſine : il le dit, partant, choſe notoire!
ARISTE.
Une couſine, à moi, ſous le nom de Victoire!
FRANCŒUR.
A lui! non pas à vous! diſtinguons, c'eſt le **cas!**
N'allons pas élever entre nous d'altercas.
ARISTE.
Une Parente, à moi, qui loge en maiſonnette,
Acceſſible à la blonde, ouverte à la brunette!
Une Fille !
FRANCŒUR.
Aſſez pauvre, & que par charité,
Monſieur recueille.
ARISTE.
Allons! je ſuis fort irrité!
L'on ſe moque d'Ariſte, avec tel couſinage!
FRANCŒUR.
Le ſérieux, ici, ſe tourne en badinage!
ARISTE.
Dans ma famille entiere un Damis n'a pu voir
Fille, Femme, ni Veuve, oublier ſon devoir;
Souffrir qu'on la confonde avec ces Perronelles,
Qui, par-tout, font métier d'adoucir leurs prunelles,
Occupent d'un Roger le ſopha libertin,
Témoin des libres nœuds d'un Hymen clandeſtin;
Mon frere, avec ſa Nymphe, à l'Hôpital réduite,

M'oſeroit-il, en face, avouer ſa conduite ?
FRANCŒUR.
Notre amour ne va plus ni par ſaut ni par bond,
En dépit de lui-même, il devient pudibond.
*(Roger en robe de chambre galante, un chapeau
ſur la tête, joue du Tambourin : il gambade :
Victoire ſautille.)*

SCENE II.

ROGER, VICTOIRE, ARISTE, FRANCŒUR.

ROGER.

Rien n'égale, à mon gré, la Muſique & la Danſe,
Sur-tout, lorſqu'avec grace on retombe en cadence :
Allons, Couſine, allons, encore un entrechat ;
Hommage au Tambourin, dont je vous dois l'achat.
VICTOIRE.
Oublies ce qu'il coûte !
ROGER.
      Il eſt ineſtimable !
Par où me viendroit-il, d'un objet plus aimable ?
Oui, j'ai bien voyagé, mais non, je n'ai rien vu
Qui ſoit de tant d'attraits ſi richement pourvu.
VICTOIRE.
A vos yeux !

ROGER.

Comme à tous ! Arifte , la Parente,
Envifagez-la donc, n'eft pas indifférente ;
Elle vaut qu'on y penfe , & je l'heberge enfin,
Pour la tirer des bras d'un petit Aigrefin,
Affez jeunet , d'accord, mais courant la Femelle ,
Qui pourroit de Laïs, paffer pour Sœur jumelle.
Ahi.

VICTOIRE.

C'eft l'afthme !

ROGER.

Il m'étouffe : étouffons-le , chantons.

VICTOIRE.

Vous touffez !

ROGER.

Habitude , un duo, fur quels tons ? (*il chante*).
Ut, mi, fol....

ARISTE.

Eh ! mon frère ! épargnez....

ROGER.

Ma poitrine !
Elle eft bonne , écoutez : (*il renforce fa voix caffée*).
Galien, fa doctrine,
Hypocrate, & confors, pour moi vous font pâlir ;
Vous croyez que fur l'heure on va m'enfevelir :
Je me porte à miracle. Ahi.

VICTOIRE.

C'eft la néphrétique !

ROGER.

Fadaife : égayons-nous ; pefte de l'émétique ,

Loin de moi le séné, la pilule aux Docteurs ;
Enterrons du trépas les Administrateurs.
Ahi.

VICTOIRE.

C'est le foie !

ROGER.

Il peine : au diable la ciguë !
On en meurt, on en vit, c'est une herbe ambiguë.

VICTOIRE.

Asseyez-vous, cousin : (*Roger s'assied, & met à ses
pieds son tambourin.*)
Pourquoi vous tourmenter ?
L'on ne veut point ici vous médicamenter ;
L'on juge avec raison votre état peu critique,
Mais pourtant l'on voudroit calmer la sciatique,
Et si quelque reméde....

ROGER.

Il est dans vos beautés,
Mais je me plains toujours de vos déloyautés :
D'ailleurs...le parentage.... autre obstacle... ma goutte...
Je sens qu'il n'est plus rien en moi qui vous ragoûte ;
J'ai vu, comme un éclair, passer mes jours brillans !
L'âge avance, voilà mes genoux défaillans !
Je ne suis plus un brave en fait de galantises,
J'expie avec remords, mes gaillardes sottises ;
Francœur, la larme à l'œil, me croit prêt à finir,
Tandis qu'avec le temps je songe à rajeunir.

FRANCŒUR.

Vous creverez, Monsieur, & cela sous huitaine,
Si vous cuvez le vin dans la fiévre quartaine.

ROGER.

Le Bourgogne a son prix !

FRANCŒUR.

N'êtes-vous pas honteux,
Vous, podagre, blafard, malingre, souffreteux,
D'entamer la brioche ou la tartre à la crême,
Vous, qui du Carnaval devez faire un Carême ?

ROGER.

Le jeûne exténue.

FRANCŒUR.

Ah !

ROGER.

Regarde un pénitent !
Lui vois-tu le teint frais, l'œil vif, le cœur content ?
Que gagne-t-il à faire au Moutier ses vigiles ?

FRANCŒUR.

Ses esprits sont moins lourds, ses membres plus agiles.

ROGER.

Tu prêches l'abstinence, & moi le godiveau,
Le Tokay dont le feu dégourdit mon cerveau,
L'amour qui, dans mon sein, comme un volcan, bouillonne,
Et le charme d'un œil dont le trait m'aiguillonne.

FRANCŒUR.

Vous irritez vos sens ! je vous garantis mort,
Et dès ce jour, peut-être, on verra si j'ai tort.

ROGER.

Je teste en ta faveur.

FRANCŒUR.

Moi ! votre légataire !
Je casserois plutôt l'acte testamentaire.

ROGER.

Tu te fâches !

FRANCŒUR.

Mourez, fi c'est votre plaisir !

ROGER.

Quand la Parque, un beau soir, viendra pour me saisir,
Comme avec elle on sait mon intime accointance ,
Je dois lui faire accueil & non pas résistance.

FRANCŒUR.

Oui ! la traiter en Reine !

ROGER.

      Oui, Francœur ! son pouvoir
S'étend beaucoup plus loin que ton œil ne peut voir !
D'abord, j'ouvre ma cave au large à mon Hôtesse ;
Elle accorde à mes vins quelque délicatesse ,
Je l'invite au banquet, nous soupons.

VICTOIRE.

        Et gaiement !

ROGER.

J'enivre la mignonne & moi complettement :
Tonneau bas , nous allons voguer sur le Cocyte.

VICTOIRE.

A vous noyer soudain, quel démon vous excite ?
Vivre, c'est ma devise , & j'ai peur du trépas,
Au point que moi treizieme à table en un repas,
Je perds tout appétit ; les mets, sans que j'y touche ,
Les plus délicieux, sont du fiel pour ma bouche.

ARISTE.

Vous, mon frère , au cercueil vous courez lestement
Vous décidez qu'Ariste en noir ajustement ,
          S'abandonn

S' bandonne aux douleurs, ou que fans peine aucune...

ROGER.

Il fouffre que défunt je faffe ici lacune !
A peine y tiens-je un coin, lorfque j'en fortirai,
Dites, préfumez-vous qu'on s'informe où j'irai ?
Qu'importe à mes voifins mon voyage aux Planettes,
Pourvu qu'ils vendent cher leurs caftors, leurs cornettes,
Que le bled foit nourri, les greniers abondans,
Le bœuf gras, les poids verds, les fruits mûrs & fondans;
Que fait au monde entier ma débile exiftence ?
Perdra-t-il après moi fon nerf, fa confiftence ?
Je meurs, un autre naît, voilà tout compenfé !
Pour tenir à la vie, il faut être infenfé :
Pareil bien doit fouvent nuire au dépofitaire,
J'en fuis l'ufufruitier, non le Propriétaire.

FRANCŒUR.

Voilà comme il raifonne, & le beau raifonneur,
Appelle à fon convoi le funebre Sonneur !

ROGER.

Je m'apprête à léguer mon Fief, ma Métairie,
Mon ruftique attirail, mon Jardin, ma Prairie ;
A l'égard de mon être, il ne m'appartient point,
Non plus que mon bidet, fa houffe ou mon pourpoint;
Dans le gouffre infernal, féjour de Rhadamante,
Je comparaîtrai nud, comme au lit d'une amante :
Y pourrois-je à regret quitter mon vêtement ?
Le climat eft fi chaud qu'on s'en paffe aifément.

ARISTE.

Ecoutez-moi, Roger,

ROGER.

Paix, Meſſieurs, nul tapage ;
Ariſte à lui tout ſeul, forme un Aréopage.

ARISTE.

Vous raillez !

ROGER.

Moi ! jamais ! je badine un railleur,
Qui croît du ſel Attique, être le détailleur,
Confondre d'un regard la ſatyre ennemie,
Dès qu'il ſiége avec vous en grave Académie.

ARISTE.

Je vous reconnois-là ! toujours le mot plaiſant !

ROGER.

Le mot ſententieux n'eſt point ſatisfaiſant :
Il faut à ſon humeur, que malgré ſoi l'on cede ;
La raiſon m'aſſoupit, la ſageſſe m'excede :
Que me ſert la morale ? à me ſupplicier :
Rire avec moi de tout, c'eſt tout apprécier.

ARISTE.

Revenons, s'il vous plaît.

ROGER.

Lucien me tranſporte !
Qu'il broche un Dialogue, & tôt, qu'il me l'apporte ;
Me voilà plus chanceux qu'avec nombre d'écrits,
Par mon ſiecle approuvés, par mon Boileau proſcrits.

ARISTE.

Obtiendrai-je audience ?

ROGER.

Un Quénel, un Nicole,
Tout Port-Royal vaut-il Panurge & ſon Ecole ?

ARISTE.

Non pas, mais...

ROGER.

Exaltons le Docteur révéré,
Toujours vuidant sa coupe & toujours altéré,
L'ami Pantagruel.

VICTOIRE.

Le digne personnage !
Avec pareil Mentor, que ne suis-je en ménage ?

ROGER.

Qu'on ouvre la taverne, on voit maints Biberons,
Plus gais, plus éloqueus que tous les Cicérons :
Le broc succede au broc, les voilà Rois du monde !

VICTOIRE.

Ou de Cocagne, au moins !

ROGER.

Gare au flatteur immonde !
Le Trône en est purgé ! mes Bourgeois potentats
Vont rectifiant l'art de régir les Etats.

VICTOIRE.

Que ne savent-ils point ? Que d'esprit, de mémoire !

ROGER.

L'un déchiffre l'énigme, & l'autre le grimoire.

VICTOIRE.

Débats, tumulte entr'eux, des chorus, un rondeau.

ROGER.

Et tous sur l'avenir ont tiré le rideau.
Rabelais, ce vieux fou, dont la Minerve étonne,
Puise avec la santé les bons mots dans la tonne :
Judicieux Silene, il réserve un flacon
Pour guérir l'incurable, & sans catholicon.

ARISTE.

Mon frere, ainſi que vous je nargue l'hypocondre,
Qui même en ſon étuve a peur de ſe morfondre,
Conſulte au moindre mal, Aſtruc & Dumoulin,
Voit ſa dépouille en proie aux griffes du malin ;
Si d'un bouton ſa peau légerement tachée,
Lui ſemble une envéloppe où la mort ſoit cachée.
J'aime un Preux, un Briſſac, un Guerrier réſolu,
Qui cherche un beau trépas, quand l'honneur l'a voulu,
Et lorſqu'un fauconneau ſans pitié le mutile,
Gémit d'être à la France un rempart inutile :
J'aime à voir ſur la route un piéton moleſté,
Qui réſiſte à l'orage, aux chaleurs de l'été,
Paſſe un hiver ſans feu, ſans manteau, ſans futaine,
Touſſe, & ſuporte un rhume, au moins la quarantaine ;
Mais ſi du mal...

ROGER.

Holà, point d'indiſcrétion :
J'entends à demi-mot, nulle explication :
Vous conſervez pour moi quelque peur chimérique !
Colomb, à mes dépens, découvrit l'Amérique !

ARISTE.

Sans parler de Colomb, il faut vous affranchir
Du mal qui vous contraint, quoique jeune, à blanchir :
Renaiſſez, c'eſt à quoi l'amitié vous convie ;
Par le régime exact rapellez votre vie,
Chaſſez le Cuiſinier, funeſte aſſaiſonneur,
Qui d'épices ſaupoudre un mets empoiſonneur,
Prenez-moi pour régal...

R O G E R.

Des remedes chymiques !

A R I S T E.

Les sucs vivifians des plantes balsamiques.

R O G E R.

Oh ! des privations ! Je naquis pour jouir,
M'atabler, gloutonner, ivrogner, m'éjouir,
Cajoler, au besoin, ou Rosette ou Rosine.
Jouer de l'instrument qui plaît à ma cousine.

A R I S T E.

La parenté m'honore & je vous laisse ici
Vivre...

R O G E R.

Comme un Caton, comme un vrai Sans-souci,
Un Drille... Ahi.

A R I S T E.

Qu'est-ce encor ?

R O G E R.

C'est la rate opilée,
Mais je n'en ris pas moins, tant je l'ai bien stilée :
Mes folâtres amis m'ont vu l'épanouir
De façon, qu'à cœur joie, il faut m'évanouir.

A R I S T E.

Je ramene Hypocrate.

R O G E R.

Oh ! sa robe m'assomme !
A peine en vois-je un pli, que je dors d'une tel somme,
Qu'en cet état passif, les Doctes, peu savans,
M'ont rayé maintes fois du tableau des vivans :
Un jour ils m'enterroient, ce fut un jour de Pâques ;

Mais gonflé de soupirs, Francœur, mon Maître Jacques,
Pria tant, & si fort, les Saints du Paradis,
Qu'il m'a fallu survivre à mes de profundis.

VICTOIRE.

Combien je vous pleurai !

ROGER.

Que vos larmes tarissent !
Souffrons que Pierre ou Paul, soir ou matin, périssent :
La vie a ses plaisirs, mais on peut la quitter
Comme on quitte un Palais, sans trop le regretter.

ARISTE.

Que par grace, mon Frere, à vos genoux j'obtienne,
Qu'un moment l'Esculape au moins vous entretienne.

ROGER.

Soit : pour vous, mon Ariste, on fait un noble effort,
Et je me détermine à prendre un reconfort,
Tel que vous l'ordonnez, le cresson au potage.

ARISTE.

Et point de vin, sur-tout, fut-il de l'Hermitage !

ROGER.

Quelques gouttes !

ARISTE.

Pas une.

VICTOIRE.

Oh ! c'est trop exiger !
C'est accroître la soif, plus que la corriger !

ROGER.

Encor faut-il, par fois, dit Horace en son Livre,
Que de tout embarras le vin Grec nous délivre !

ARISTE.

L'eau d'Arcueil.

ROGER.

J'y repugne.

ARISTE.

Effayez.

ROGER.

J'en boirois !
Mais fous condition que je la maudirois,
Et vous jugez par-là, vous, Médecin habile,
Que d'un feu plus ardent j'irois brûler ma bile,
Lorfque trois Commandeurs me font tous efpérer
Qu'avec des flots d'Aï, je puis la tempérer.

ARISTE.

L'eau, que prêche fi bien l'Ecole de Salerne,
Doit vous faire oublier Horace & fon Falerne :
Sur d'autres points, vous dis-je, & des plus chatouilleux...

ROGER.

Vous entendez...

ARISTE.

J'entends, les amours périlleux :
Croyez-moi : redoutez la perfide noifette
Que vous cueillent aux bois, ou Rofine ou Rofette.

ROGER.

Fort bien : dans ma cellule il faut me confiner,
Vivre comme un béat !

ARISTE.

Et ne plus coufiner.

(*Arifte fort, jettant fur Victoire un regard févere,
faifant des baifes-mains à Francœur, qui les lui rend*).

SCENE III.

ROGER, FRANCŒUR, VICTOIRE.

ROGER.

Le Frere, avec dédain, semble vous méconaître !
C'est vous, mieux qu'un Julep, qui me faites renaître ;
Je sens trop, mon Iris, que votre aspect suffit,
Pour me ragaillardir, moi, presque déconfit.

FRANCŒUR.

A l'amoureux combat l'objet qui vous provoque,
Votre Iris, votre Agnès, paraît fort équivoque,
Bonne à congédier & pour juste raison.

VICTOIRE.

Chassez-moi ce maraud, purgez-en la maison.

ROGER.

C'est un vieux serviteur qu'avec plaisir je garde ;
Mais que d'un air benin mon drôle vous regarde,
Sinon... je t'apostrophe & je te flanque net...

VICTOIRE.

Son décompte, aussi-tôt.

ROGER.

     Par le nez mon bonnet.

FRANCŒUR.

Point de jeux ; couvrez-moi votre chef lunatique.
Pourvu d'un rhumatisme & muni d'un caustique.

ROGER.

Mon chef est des plus sains ! pourquoi le déprifer ?
La cantharide & lui n'ont pu fympatifer.

FRANCŒUR.

La fageffe encor moins ! banniffez l'intriguante,
Qui trafique avec vous d'une Nymphe fringuante ;
Il vous faut de la chair émouffer l'aiguillon,
Au lieu de prendre femme , il faut prendre un bouillon,
Il chauffe.

ROGER.

Il m'attendra ! répondez , ma brunette :
Votre chambre , au premier , dites , la tient-on nette ?

FRANCŒUR.

Qu'à loifir l'araignée y tende fon filet !

ROGER.

Nous aurons , pour l'abattre , un diligent valet.
(à Victoire).
Le meuble vous plaît-il ?

FRANCŒUR.

Au Diable fi je penfe
A le fauver des rats !

ROGER.

Eh bien ! l'on t'en difpenfe !
(à Victoire).
Le lit vous femble-t-il affez moëlleux ?

VICTOIRE.

Charmant.

FRANCŒUR.

Commode à receler quelqu'Invalide Amant !

ROGER, (*à Victoire*).

On a beau fur l'honneur avoir la théorie !
La fageffe, en bon lieu d'apophthegmes nourrie,
Peut avec les mondains oublier fa leçon,
Choifir pour Maître-ès-Arts quelque joli garçon ;
Le Duc, qui vous blafonne un fuperbe équipage ;
Le Poupin Sénateur, plus éveillé qu'un Page ;
Le richard Turcaret, du Pérou conquérant,
Et l'Abbé, comme un Silphe, aux toillettes errant.

VICTOIRE.

Reffources pour la belle en chambre délabrée,
Mais dans tout le quartier célebre & célébrée,
Victoire en bonne odeur apprit dès le berceau,
A fêter le Barbon & fuir le Jouvenceau.

FRANCŒUR.

Voilà, tout juftement, d'infidieux langages
Que tient la Courtifane.

VICTOIRE.

Et j'en fuis une à gages !

ROGER.

Il ne fait ce qu'il dit ! c'eft un faux délateur !
Une langue perfide, un calomniateur :
Vous êtes des vertus le parfait exemplaire ;
Heureux le Céladon qui pourra vous complaire !
Ah ! fi pour moi votre ame… Ahi.

VICTOIRE.

C'eft le nerf !

ROGER.

Crifpé.

VICTOIRE.
C'eft un fupplice affreux !
ROGER.
L'enfer an-ti-ci-pé.
FRANCŒUR.
Divorce avec le fexe.
ROGER.
Autant vaut la torture !
Ici joie éternelle, un trône à ma future.
Quels feroient, ma Laïs, vos plaifirs fouverains ?
Vous hantez volontiers les Spectacles forains !
VICTOIRE.
Plutôt qu'à des Sermons, c'eft-là que je m'abonne !
FRANCŒUR.
On y cherche fortune, on l'y trouve affez bonne !
ROGER.
Te tairas-tu ?
FRANCŒUR.
La paix, vos mufcles en repos :
Pourquoi les fatiguer auffi mal-à-propos ?
ROGER.
Ecoute, & te fouviens, laiffant ta réprimande,
Qu'un Valet obéit lorfqu'un Maître commande.
FRANCŒUR.
Sur l'ordre de Monfieur il faudra criailler,
J'y parierois ma bourfe !
ROGER.
Eh non ! fans batailler,
Il faudra que Francœur l'exécute au plus vite,
S'il me veut pour féal, c'eft à quoi je l'invite.

FRANCŒUR.

Je redoute entre-nous vive altercation !

ROGER.

Point ; le plus bel accord , la douce affection.

FRANCŒUR.

Oh ! vous m'amadouez ! voici quelqu'escapade !
J'y prêterois la main ! non , plutôt l'estrapade.

VICTOIRE.

Mais dites-moi, Monsieur ? ce méchant raisonneur ,
Est-il votre valet ou votre gouverneur ?

ROGER.

L'un & l'autre : au surplus.. je veux.. j'entends.. j'ordonne...
Je résous qu'on m'écoute & non pas qu'on bourdonne.
Ma Princesse aime à voir le treteau Calotin ,
Le masque enfariné du Seigneur Gilotin :
Elle abjure un Théâtre où les Pièces nouvelles ,
Les Romanciers s'en vont rembrunir les cervelles ,
Substituer aux jeux des poignards Anglicans ,
Des meurtres, des bourreaux , la grêve & des carcans :
Ma suivante aime à rire , & jamais inhumaine ,
Pourroit-elle approuver , que sept fois la semaine ,
Le coupable ramas des modernes Auteurs ,
Les Roscius Français , insignes malfaiteurs ,
Sur l'horrible échafaud hissent la Tragédie ,
Et même avec du sang, fardent la Comédie ?
Oh ! ma follette admire un Paillasse égrillard ;
Favorise un Cassandre, amoureux béquillard :
Il nous faut, avec lui, renouer connoissance ;

Dépêche, qu'on m'habille, (*Francœur se dépite.*)

                   Au moins par complaisance!

Qu'on m'attele un Normand, à mon Cabriolet :
Preste. (*il se leve.*)

           Victoire & moi courons chez Nicolet.

FRANCŒUR.

Fuyez la baladine, aux affronts endurcie ;
Allez-vous-en, morbleu ! courir la Pharmacie.

VICTOIRE.

Il tempête !

ROGER.

       Oh ! ma rage ! Ahi. (*Il retombe pâmé,*
                     dans son fauteuil.)

VICTOIRE.

             C'est la pamoison !

FRANCŒUR.

Votre face en ces lieux, n'est pour lui qu'un poison.

ROGER.

Traîne-moi dans mon gîte. (*Il ramasse & charie à grand*
               peine son Tambourin, sans
             souffrir que son valet l'aide
             aucunement.)

           Adieu, ma Tourterelle ;
J'espere encor revoir, avec vous, Sganarelle.

SCENE IV.

VICTOIRE.

J'AI peine à revenir de mon étonnement !
Cet homme, ou peu s'en faut, marche à l'enterrement
D'un pas aussi gaillard, que s'il alloit aux Noces,
Ou dénicher aux bois quelques filles précoces ;
Lui qui n'a plus qu'un souffle, encore est-il gêné !
Le galant a besoin d'être morigené !
Il me paroît novice en amour platonique,
Mais versé, comme un Gluck, dans l'Art Diatonique :
Qu'il batte avec fracas son Tambourin chéri !
Comme il reprend vigueur ! l'incurable est guéri !
Le sang bout, l'œil s'enflamme, & la gaieté petille ;
Il danse un cotillon, avec lui je sautille ;
Il m'éveille, il m'amuse ! & de tous maux grevé,
Il joue avec le Sexe, en Barbon réservé !
Ma pudeur scrupuleuse, ici n'a rien à craindre
Que le double Coquin, que je saurai contraindre
A bientôt déguerpir. (*Francœur se glisse, Victoire se*
croit seule.)

SCENE V.

FRANCŒUR, (aux aguets.) VICTOIRE.

FRANCŒUR. (à part.)

IL dort : on veille ici !
L'on travaille à chasser le Valet que voici !

VICTOIRE.

Contre moi le pendart s'arme de calomnies,
Mais, grace au Commissaire, on les verra punies !
Tremble.   (*Elle se retourne à droite, à gauche ;*
                Francœur se jette du côté opposé.
           J'ai des soutiens à la Police, ailleurs ;
Dans la Salle d'Escrime, un ou deux Bretailleurs ;
Des familiers en Cour, des commerces en Ville ;
Je fraie avec Dandin, moins qu'avec Sottenville :
Le Baron, l'Estafier, les Traitans, les Marquis
M'offrent des rouleaux d'or, & des soupers exquis ;
Toi, faquin d'Antichambre, apprens qu'on me respecte,
Que ma conduite en tout craint fort peu qu'on l'inspecte.

FRANCŒUR. (à part.

L'impudente !

VICTOIRE.

Il m'accole à ces Femmes de bien
Qui vous ont des Maris, savent-elles combien !
Gagnent par leurs détours, & la robe & l'épée.
Ruinent la maltôte, à leur piége attrapée !

FRANCŒUR. (*à part.*)

L'Honefta !

VICTOIRE.

Le Pafquin tranche du Sermoneur !

FRANCŒUR. (*à part.*)

Et fe pendroit plutôt que d'être ton Prôneur.

VICTOIRE.

Qu'on l'écoute ! aux plaifirs, il faudra qu'on renonce,
Qu'évitant la peloufe, on marche fur la ronce ;
Qu'avec l'Anachorete, on vive au fonds des bois,
Loin des Amours, du Bal, du Fifre & du Hautbois.

FRANCŒUR. (*à part.*)

La friponne !

VICTOIRE.

Et l'Arifte, avec fa Botanique !
Pretend-il remonter la machine organique ?
Croit-il que fes confeils, que fa belle eau d'Arcueil,
Que fes maudits Juleps préfervent du Cercueil ?
L'Arifte eft importun, le Francœur déteftable.

FRANCŒUR. (*à part.*)

Iroit-il envers toi devenir plus traitable ?

VICTOIRE.

Le drôle impunément s'obftine à m'outrager !
Mais la Femme eft adroite en l'art de fe venger.

FRANCŒUR. (*à part.*)

La traîtreffe !

VICTOIRE.

Qu'il cherche un maître où bon lui femble !
Qu'il ne s'attende pas que nous vivions enfemble !

FRANCŒUR

FRANCŒUR (*s'approche vivement.*)

Oh! je n'y compte point! au premier carrefour,
Rue.. oui.. je m'en souviens.. de Grenelle.. ou du Four,
Retournez sans péril, que Francœur vous escorte,
Bien que vous soyez Dame, & jeune & même accorte.

VICTOIRE.

Sais-tu, mon bel ami, qu'on fustige un Valet,
Qui, sans respect du Sexe, insulte un mantelet,
Des Filles de renom, Victoire ou ses pareilles?

FRANCŒUR.

Portez la girandole, ou la perle aux oreilles,
Vous n'en êtes pas moins, sauf respect, la beauté
Chez qui l'enchérisseur acquiert la primauté;
L'on vous trouve, en désordre, à Pantin, à Gonesse,
Et vous multipliez les écarts de jeunesse.

VICTOIRE.

Mais écoutez-moi donc l'insolent, quel discours!
Aux Juges criminels on aura son recours!
J'aurai raison de lui! Roger m'aime & m'estime;
Toi, son esclave, il faut que tu sois ma victime.

FRANCŒUR.

S'il est ici quelqu'un que l'on doive immoler,
C'est vous, & non pas moi; l'on peut vous cajoler!
Mais un bon Serviteur adoucit nos détresses,
Que soulagent, fort mal, trois ou quatre maîtresses;
Allez courir, sans nous, Farceurs, Menétriers,
Surfaire & prodiguer vos appas meurtriers.

VICTOIRE.

Mais ne semble-t-il point, si j'en crois ce maroufle,

C

Qu'aux trousses d'un Crésus au Waux-hall je m'essouffle,
Que j'aille à tout Paris, en gros comme en détail,
Donner quelque coup-d'œil, de pied, ou d'éventail,
Et terminer les jeux de la coquetterie,
Par les charmes qu'on trouve à la galanterie !

FRANCŒUR.

Toujours par le plaisir, votre sexe emporté,
Laisse un pauvre Malade en son lit arrêté,
Et près de l'oreiller, s'il tient courte séance,
C'est par vil intérêt ou vaine bienséance.

VICTOIRE.

Le cœur parle chez moi ! je suis tendre à l'excès !
Pourrois-je du Cousin soutenir le décès ?

FRANCŒUR.

Grimace ! on vous devine ! avec tel parentage
Vous comptez du cher Hôte écorner l'héritage !

VICTOIRE.

Vivre aux dépens des siens ! quoi, sans compassion,
Dévorer leur cassette & leur succession,
Habiter leurs Châteaux, s'approprier leurs Terres,
S'abreuver d'ananas... qu'auroient mûri leurs serres !

FRANCŒUR.

Oh ! vous n'en tâterez, ma foi, que d'une dent,
S'il arrive à mon Maître un dernier accident.

VICTOIRE.

Dieu l'en préserve !

FRANCŒUR.

Allez, j'éteins son luminaire :
Il passe à quarante ans, pour un octogénaire ;

Mais qu'il vous congédie, & vive à ma façon,
Je veux de son vieil âge échauffer le glaçon :
Vous, madame...
(*Ariste en pleureuses, suivi d'Hypocrate en robe*).

SCENE VI.

ARISTE, HYPOCRATE, VICTOIRE, FRANCŒUR.

ARISTE.

IL est mort !

FRANCŒUR.

Quel malheur, Hypocrate !

HYPOCRATE.

Il est mort, j'en répons, l'apostume à la rate :
Qu'on l'ouvre !

FRANCŒUR.

Cher Roger !

VICTOIRE.

Il a voulu périr !

HYPOCRATE.

Condamné par moi-même, il ne pouvoit guérir.

ARISTE.

Et sa fin, quelle est-elle ?

FRANCŒUR.

Exemplaire !

C ij

HYPOCRATE.

Plaifante.

VICTOIRE.

Gageons qu'il a rendu l'agonie amufante !

HYPOCRATE.

J'arrive, & je le trouve en fes draps mal couché ;
Il ronfloit, l'œfophage ou le larynx bouché ;
Il crachotte, il s'éveille, au collet il me happe :
Pour le coup, me dit-il, gala fi j'en réchappe,
Tâtez mon poulx (à peine il battoit), tâtez fort ;
Il décline, ordonnez un puiffant reconfort,
Savoureux, cordial, fur-tout, diurétique :
Je gliffe en fa tifane, un paquet d'émétique ;
Roger s'en apperçoit & s'écrie : ah ! bourreau !
Tirer l'ame du corps, la lame du fourreau !
Loin d'ici, porte ailleurs ton Grec, ton aphorifme ;
Entonne à tes pareils, ton fatal gargarifme.
A ces mots, il s'affaiffe, & j'allais m'éloigner,
Du plaifant Moribond, inutile à foigner ;
Mais il me parle encore, il vous défend, Arifte,
Les pleureufes, le deuil, attendu qu'il eft trifte ;
Il veut, que lui défunt, fon Valet en douleurs
Arbore, ainfi que vous, de joyeufes couleurs,
Que vous n'efcortiez point fes noires funérailles,
Que du drap mortuaire on fauve vos murailles,
Et pour les tapiffer, il laiffe aux Gobelins
Un meuble, fort comique, où les fieurs Trivelins
Montrent leur effigie & gagnent le Parterre,
Qui ne refpiroit plus que charbon d'Angleterre.

Le Malade aussi-tôt, succombe en s'agitant,
Et la baguette aux doigts, il meurt tambour battant.

FRANCŒUR.

C'étoit un si bon Maître !

ARISTE.

Un frère incomparable !

VICTOIRE.

Un ami dont je crois la perte irréparable !

HYPOCRATE.

Je la voyois de loin, & le pauvre Roger
Meurt, comme il a vécu, presque sans y songer.

FRANCŒUR.

Mourir, tambour battant ! quel acte d'héroïsme !

VICTOIRE.

On accusera point celui-là d'Egoïsme !

FRANCŒUR.

Qu'étoit la vie humaine aux yeux du trépassé ?

VICTOIRE.

Un rien !

FRANCŒUR.

Un menu fil que lui-même a cassé !

*(Roger, vêtu de grelots, coëffé de pampre, un
masque à la main).*

SCENE DERNIERE.

ROGER, ARISTE, HYPOCRATE, FRANCŒUR, VICTOIRE.

ROGER.

GRAND Bal à l'Opéra, j'y vole en Mafcarade ;
Victoire, en Cupidon, me fert de camarade.

FRANCŒUR.

Mon Maître ! (*il le ferre dans fes bras*).

ROGER.

Quel tranfport !

ARISTE.

Mon Frère ! je renais !
(*il l'embraffe*).

ROGER.

Deuil chez moi !

VICTOIRE.

C'eft donc vous ! (*elle lui baife & rebaife la main*).

ROGER.

Oui.

HYPOCRATE.

Je le reconnais !

ROGER.

Eh oui, parbleu, c'eft moi ! qui feroit-ce ? mon ombre !
M'eft-il, par vos fecours, arrivé quelqu'encombre ?

Suis-je mort, tout à plat ? parlez donc, beau Docteur ;
Du vin arsenical, sinistre ordonnateur ;
Si je vous avois cru, vous & votre émétique,
J'allais prendre les bains au fleuve Achérontique ;
Tandis que de grelots & de pampres coëffé,
Je vais produire au Bal un Calotin fieffé.

FRANCŒUR.

Vous ne savez donc pas...

ROGER.

Si fait, j'ai souvenance
D'avoir, à mon réveil, baffoué l'ordonnance
Du Seigneur que voilà, du triple Charlatan,
Du bannal meurtrier que je livre à Satan.

VICTOIRE.

Vous ignorez, Monsieur....

ROGER.

Non, j'ai bonne mémoire
Qu'échappé de mon lit, j'ai fouillé mon armoire,
Cachette où je recele un vin si précieux,
Qu'il vaut tout le Nectar qui parfume les Cieux.

ARISTE.

Jugez dans quelle allarme...

ROGER.

A quoi bon suis-je en terre ?
J'ai bu tout d'une haleine, à longs traits, à plein verre,
Le bénigne Alicante, & son feu pectoral,
Rajustant le Physique, a sauvé le Moral.

FRANCŒUR.

Quel désespoir chez nous causoit...

ROGER.

Ma léthargie !

Elle a duré si peu ! d'ailleurs, avec l'orgie,
Soudain j'ai ranimé mon sec individu,
Ma dépouille en lambeaux, mon chétif résidu :
Sans l'aide du Valet j'ai brusqué ma toilette,
J'ai paré de clinquant mon habit, mon squelette,
Et la Cousine & moi nous allons voltiger,
Tandis qu'on veut toujours me plaindre & m'affliger.

ARISTE.

L'on vous disoit mort.

ROGER.

Ivre ! & j'en tiens ! le Coulange,
Par-dessus l'Alicante, a produit un mêlange,
Un cahos dans ma tête, une agitation,
Qui déregle l'essor d'imagination :
Un Soleil, une Eclipse, offusque mes lunettes,
Je crois tourbillonner avec les sept Planettes ;
Je me perds dans le vuide, adieu Pomar, Chabli ;
Me voilà, comme un fou, dans la Lune établi :
Du monde où j'ai vécu, je la croyois distante,
Elle y touche, voyez ! découverte importante !
La terre à ses quartiers, son croissant, son déclin,
J'ai mes phases, tout homme au caprice est enclin ;
Socrate étoit moral, Diogene cinique,
Moi qui vous parle, eh bien ! que suis-je ? galénique,
Sobre, chaste, en tout point un modele achevé,
Une ame en sa verdeur, dans un corps énervé.

VICTOIRE.

VICTOIRE.

M'entendrez-vous enfin ? je vous dis, vous répete,
Pour le corner plus haut, j'embouche la trompette;
Je vous annonce ici, qu'en ce jour, au moment
Où la Lune, en son plein, vous offre un logement,
Vous êtes mort, défunt.

ROGER.

Victime d'Hypocrate !

VICTOIRE.

Qu'on vous ouvre, Monsieur, vous péchez par la rate !
(*à Hypocrate*)

Hein !

ROGER.

Peste du ratier, qui d'un coup de martel,
Assomme, à double bras, le malade immortel.

FRANCŒUR.

Maître Ariste, à présent, taxez la Médecine
D'être une invention hazardeuse, assassine !

ARISTE.

Parlez donc, Hypocrate ? eh ! quoi! pâle & défait,
Immobile & confus, vous restez stupéfait !
Vous ne répondez mot ! vous, fameux personnage,
Qui deviez à la Parque ôter son appanage,
L'Univers ! quoi Docteur ! vous, dont l'art bel & beau,
Tire, si dextrement, le mort de son tombeau,
Vous m'enterrez mon Frère !

ROGER.

Excellente aventure !

ARISTE.

Allez ailleurs, Monsieur, disloquer la nature.

D

HYPOCRATE.

Pouvois-je ici changer les réglemens du fort?
Les miracles divins font-ils de mon reffort ?
La Chaire, à Montpellier, fait mon apologie :
Mais mon Art, tel qu'il foit, tient-il de la magie ?

ROGER.

En aucune façon, vous n'êtes point Sorcier,
Vous êtes d'Atropos le meilleur Officier.

HYPOCRATE.

Oui: tel qui fous mes yeux rendit fon ame entiere,
S'envole au Bal mafqué, fort loin du Cimetiere :
Salut au mort, Falot, fa réfurrection
Suit de près, grace au Ciel, ma condamnation.

(*il fort gravement*).

ROGER.

Allez, Monfieur le Juge, allez, je vous convie
A porter mon Arrêt, c'eft allonger ma vie.

ARISTE.

Pour Dieu, ménagez-là, mon Frère.

ROGER.

Au demeurant,
Je me laffe, par fois, d'être toujours mourant ;
Vous qui portez mon deuil, bien que je vive encore,
Que d'un habit plus gai mon Francœur décore !
Après, le Jambonneau, de Champagne arrofé,
Duffai-je avoir un jour le tein couperofé !

VICTOIRE.

Du lait, Monfieur, du lait !

ROGER.

Trouvez-moi donc Nourriffe

Blanchette ainsi que vous ?

FRANCŒUR.

> Votre poil se hérisse,
Sitôt qu'on vous présente un syrop végétal.

ROGER.

Pour un Musicien, ton breuvage est fatal.
Honneur à Pergolese, à Silène, à Victoire,
Et qu'on apprenne à vivre, en lisant mon Histoire !

F I N.

9 782329 332888